Ferkel, Schaf, Kartoffelernte
So geht's zu auf dem Bauernhof

Band 15 der Reihe „Schauen und Staunen"
Velber Verlag

In Zusammenarbeit mit DLG-Verlags GmbH, Fachverlag für Landwirtschaft, Frankfurt am Main

Illustrationen: Barbara Stachuletz
Redaktion: Birgit Oesterle, Velber Verlag; Michaela Kißling, DLG-Verlag
Layout: Anja Schmidt
Repro: MXM Digital Service GmbH, München
Druck und Bindung: Zanardi, Italien
ISBN 978-3-86613-573-4

Fotos: Cover: istockphoto.com/Sarah Macmillan
AgrarPress: S. 16 o. gr.; Martin Budweg: S. 31 u. li.; farmundviehfoto.de, Bad Sassendorf: S. 16 o. kl.; Florian Gerlach: S. 45 u.
CLAAS Gruppe, Harsewinkel: S. 23 li., 25 u., 43, 44 o.
Deutsches Weininstitut GmbH, Mainz: S. 27 kl., 30 o. Foto 3; Kelterei Elm GmbH, Flieden: S. 31 o. li.
Fendt/AGCO GmbH, Marktoberdorf: S. 20 o. re., 23 gr., 24 li., 24/25 gr., 29 Nr. 4/5, 30 re. o., u.,
Josef Fliegl Maschinenbau GmbH, Töging: S. 20 o. li.
Fotolia.com: S. 8 re. Anette L. Rasmussen, 9 kl. Rebel, 11 o. Twilight-Art-Pictures, 16 u. li. Frank-Peter Funke, u. re. TheSupe87, 17 o. Andi Taranczuk, 26 li. o. richard villalon, re. u. claudio calcagno, 27 re. Michael Fritzen, 28 re. o. Andrew Ferguson, u. li. Markus Barzen, re. Anyka, 30 o. li. Aleksandar Radovanovic, Jaume Felipe, 31 Nr. 7/ gr. LA, u. Sandra Brunsch, 32 gr. Eric Isselée, 34 u. sasa zivaljevic, 35 Nr. 4 CALLALLOO Canis, 38 o. Stephen Finn, Nr. 12 Doug Delatine, u. li./39 u. li. marilyn barbone, 38 u. re. RD Cox, 39 Nr. 16 resun vatansever
GEA WestfaliaSurge Deutschland GmbH, Boenen: S. 39, Nr. 14, 15
Grimme Landmaschinenfabrik GmbH & Co. KG., Damme: Landmaschinen S. 9 bis 13
istockphoto.com: S. 14 Jason Mann, 15 Vladimir Mucibabic
Landes-Schafzuchtverband Weser-Ems: S. 34 o., 35 o.
B. Mannebeck Landtechnik GmbH, Schüttorf: S. 17 u., 18 o.; Maschinenfabrik Bernard Krone GmbH, Spelle: S. 20 gr.
Bundesverband der Maschinenringe e. V., Neuburg/Donau: S. 20 o. Mitte/u., 21 kl., S, 23 o., 24 u., 25 o.
oekolandbau.de©BLE, Bonn: S. 18, 19 Nr. 6 bis 8 Dominic Menzler, Thomas Stephan
pixelio.de: S. 8 li. Maria Lanznaster, 9 bis 13 Freisteller wrw, 10 u. M. Hauck, Harald Gebel, 21 gr. Thomas Max Müller, 26 o. re. Volker Zintgraf, u. li. catlovers, 27 u. Andreas Bauer, 28 o. Angelika Lutz, 29 re. Helmut J. Salzer, 32 o. li. dieter haugk, Mitte Carola E., 33 o. Marisol Faure, Nils Fabisch, Conny-T., u. li. sprisi, re. Marco Barnebeck, 39 re. Sabine Fischer, 40 o. li. Ulrich Wiebe, re. Hermes, gr., 42 o. re. ehuth, Mitte Kurt Michel, 42 gr. Christian Rohr
Raps GbRSaatzucht Lundsgaard: S. 43 Nr. 4;
Saaten-Union GmbH, Isernhagen: S. 41 o., 42 o., u., 43 o., 44 u. li.
Schäferei Raufer, Lörrach: S. 36 o., 37; www.schafzucht-online.de: S. 33 u. Mitte
Wanderschäferei Steines & Vesely/M. Theis: S. 32 o. re., 35 u./Nr. 5, 36 Nr. 7/8
UFOP/Union zur Förderung von Oel- und Proteinpflanzen e.V.: S. 44 Mitte, re., 45 gr.

velber

Ferkel, Schaf, Kartoffelernte

SO GEHT'S ZU AUF DEM BAUERNHOF

velber

INHALT

Kolumbus und die Kartoffeln
Nachdem Kolumbus 1492 Amerika entdeckt hatte, kamen Kartoffeln von dort nach Europa. Zunächst hielt man sie für Zierpflanzen. Erst über 100 Jahre später hat man bei uns gemerkt: Die Knolle schmeckt toll und macht satt!

Wo kommen die Pommes her?

Kartoffelbrei, Kartoffelsalat, Kartoffelklöße, Kartoffelpuffer, Bratkartoffeln, Pommes, Kroketten, Chips: Kartoffeln gehören in vielen Ländern zu den wichtigsten Nahrungsmitteln. Aber wo wachsen Kartoffeln? Auf Bäumen, an Sträuchern oder in der Erde?

1

In manchen Gegenden heißen Kartoffeln Erdäpfel: Der Name verrät, dass sie in der Erde wachsen. Landwirte bauen Kartoffeln auf riesigen Feldern an. Sie säen keine Samen, aus denen Kartoffeln wachsen, sondern legen ganze Kartoffeln in die Erde. Und die vermehren sich dann.

Bei der Arbeit sind große Maschinen im Einsatz. Zuerst wird der Acker vorbereitet. Der Landwirt lockert den Boden, zieht breite Furchen und häuft daneben Erddämme auf. Darin können die Kartoffeln später gut geschützt wachsen.

Steine raus, Kartoffeln rein

2

Platz für die Kartoffeln!
Auf einem Feld, das 100 Meter breit und 100 Meter lang ist, setzt ein Landwirt fast 40 000 Kartoffeln in die Erde! Kartoffeln brauchen Platz zum Wachsen. Ideal ist es, wenn sie 40 Zentimeter weit auseinanderliegen.

Manchmal sind im Frühjahr mehrere große Landmaschinen auf dem Feld unterwegs.
Die erste errichtet Erddämme.
Die zweite sammelt Steine aus den Dämmen: Sie schaufelt Erde auf, rüttelt und siebt sie und legt sie wieder ab. Beim Durchlauf durch diese Maschine fallen die Steine in einen Tank.

Sonst hätte der Landwirt später neben Kartoffelknollen jede Menge Steine in seiner Ernte.
An der dritten Maschine befindet sich ein großer Behälter mit Kartoffeln: Eine nach der anderen wird in den Damm gelegt. Alles automatisch.

3

Ein paar Wochen später sprießen grüne Pflänzchen aus dem Boden. Bald beginnen sie zu blühen: in Weiß oder Rosa.

Über der Erde und unter der Erde

4

5

Und unter der Erde? Da wachsen aus jeder Kartoffel viele lange Triebe. An einigen Stellen verdicken sich die Triebe: Hier, wo die Pflanze wichtige Nährstoffe speichert, entstehen neue Kartoffeln! Das Feld muss jetzt gut gepflegt werden: Der Landwirt hackt Unkraut raus, denn es raubt den Pflanzen Kraft. Und er düngt den Boden, damit die Kartoffeln genug Nährstoffe bekommen und schön dick werden.

Nach ein paar Monaten wird das Kartoffelkraut über der Erde welk. Jetzt müssten die Kartoffeln unter der Erde fast reif sein. Der Landwirt macht einen Test: Sind die Kartoffeln wirklich nicht mehr grün? Ist die Schale schön fest? Dann kann die Ernte beginnen.

Auch aufs Wetter kommt es an

Bei etwa 20 Grad wachsen Kartoffeln am besten. Ist es kälter als 10 Grad oder wärmer als 30 Grad, hören sie auf zu wachsen.

Der Kartoffelroder

Jetzt sind die Kartoffelroder an der Reihe. Manche werden von einem Traktor gezogen, andere können selber fahren. Auf so einem Kartoffelroder befindet sich ein großer Kartoffelbunker: In diesen Behälter passen mehrere Tausend Kilo.

Der Roder fährt über die Dämme und nimmt diese vollständig auf: mit allen Kartoffeln und der Erde drumherum. Die Kartoffeln laufen im Inneren des Roders über viele Transportbänder und Siebeketten: Hier wird die Erde herausgesiebt – sodass die Kartoffeln am Ende schon ziemlich sauber sind.

Und die olle Knolle?
Die alte Pflanzkartoffel hat sich vermehrt: Etwa 15 neue Kartoffeln sind aus ihren Trieben gewachsen. Kein Wunder, dass von der alten Knolle kaum noch was übrig ist.

Tolle Knolle

7

Nur schöne Kartoffeln, keine Steine und kein Kraut, sollen in den Bunker gelangen. Darum stehen Helfer auf dem Roder und sortieren aus.

Wenn der Bunker voll ist, kommen die Kartoffeln auf einen Traktoranhänger oder einen LKW – und ab damit. Gut sortiert und gesäubert, werden manche gleich auf dem Markt oder im Supermarkt verkauft. Oder zuerst in Kartoffelhallen gelagert und später verkauft. Andere werden in einer Fabrik verarbeitet: zum Beispiel zu Pommes oder Chips. Aus der Stärke, die in den Kartoffeln steckt, kann man noch viel mehr machen: Man nimmt sie, um Gummibärchen und Puddingpulver, Papier, Pappe und Stoff oder Joghurtbecher herzustellen. Eine tolle Knolle!

So viele Kartoffeln

Etwa 5000 Sorten gibt es. Manche werden schon nach drei Monaten reif, andere erst nach sechs Monaten. Manche eignen sich perfekt für Pommes, andere besser für Brei.

8

Wie heißt das Schwein?
Das weibliche Schwein heißt Sau und das männliche Eber. Jungtiere nennt man Ferkel.

Was machen die Ferkel im Ferkelnest?

Hausschweine stammen von Wildschweinen ab. Schon vor 10 000 Jahren haben Menschen in verschiedenen Ländern Schweine gehalten. Denn Schweine sind praktisch: Sie sind genügsame Allesfresser und liefern viel Fleisch. Außerdem kann eine Sau schon mit sechs Monaten Junge bekommen. Eine ganze Kinderschar auf einmal. Schau, wie kleine Ferkel heute auf einem Bauernhof aufwachsen.

1

Bauernhöfe für kleine Schweine

Einige Bauernhöfe halten nur kleine Schweine. Hier kennt man sich mit Ferkeln besonders gut aus.

Auf manchen Bauernhöfen gibt es zweimal im Jahr eine große Ferkelei: Dann werden kleine Schweine geboren. Etwa drei Monate, drei Wochen und drei Tage sind sie vorher im Bauch der Mutter. Dann bringt die Sau ihre Kleinen zur Welt. Zehn bis zwanzig auf einmal.

Groß und größer

2

Die neugeborenen Ferkel sind in den ersten zehn Lebenstagen sehr empfindlich. Da müssen sie es richtig warm haben und dürfen nicht frieren. Doch die Mutter kann ihre vielen Ferkel nicht alle in gleicher Weise wärmen.

Darum baut der Bauer ihnen ein Ferkelnest: einen Stall mit einer Wärmelampe oder Fußbodenheizung. Hier ist es so warm wie an einem schönen Sommertag. Die Tiere ruhen fast die ganze Zeit und kuscheln sich aneinander.

3

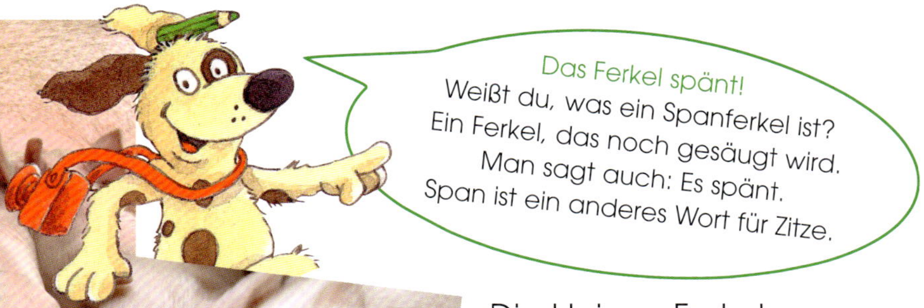

Die kleinen Ferkel trinken sich an den Zitzen der Mutter satt. Jedes Ferkel hat seine eigene Zitze, die es besonders gerne mag.

4

Nach drei bis vier Wochen können die Ferkel schon alleine fressen und brauchen keine Milch mehr.
Jetzt werden sie von der Sau getrennt.
Auch ganz so warm müssen sie es nicht mehr haben.

5

Ferkel fressen sehr viel den Tag über.
Am liebsten Getreideschrot und Kraftfutter. Das ist so ähnlich wie Müsli.
Ein bis drei Kilo verzehren sie.
Das Futter erhalten sie aus einem Trog oder aus einem Futterautomaten.
Die Menge kann der Bauer hier ganz genau steuern.

Die Schweinchen wachsen schnell.
Nach drei Monaten wiegen sie etwa 30 Kilo und kommen auf einen anderen Bauernhof. Dort werden sie weiter aufgezogen.

Wasser

Auch das Trinkwasser kommt aus einem Automaten. Ferkel müssen etwa drei Liter am Tag trinken. So viel wie ein erwachsener Mensch.

Auf dem Bio-Bauernhof

Heute werden Ferkel meistens auf Spaltenböden gehalten. Das sind Gitter aus Kunststoff, die gut sauber zu halten sind. Denn der Kot plumpst direkt durch die Ritzen. Die Tiere werden nicht so schmutzig und nicht so leicht krank.

Auf Bio-Bauernhöfen können die Ferkel auch raus ins Freie. Und im Stall hat der Landwirt Stroh gestreut. Für die Schweinchen ist das bequem – für den Bauern viel Arbeit. Denn im Stroh entwickeln sich schneller Krankheitserreger. Da die Tiere das Stroh auch fressen, muss er gut achtgeben, dass sie gesund bleiben.

Auf Bio-Bauernhöfen leben Tiere artgerecht – so, wie es zu ihrer Tierart passt. Hier merkt man zum Beispiel genau, dass Schweine gar nicht schmutzig sind. Wenn sie in ausreichend großen Ställen gehalten werden, gehen sie immer in der gleichen Ecke aufs Klo.

Und warum suhlen sie sich draußen so gern im Matsch? Um sich abzukühlen. Denn Schweine können nicht schwitzen. Und wenn sie später die Matschkruste abreiben, entfernen sie damit auch Ungeziefer. Von wegen Dreckschweine!

7

Dummes Schwein?
Das hört man oft, stimmt aber nicht. Schweine sind etwa so schlau wie Menschenaffen. Sie können sogar mit einem Joystick im Maul an einem Bildschirm Aufgaben lösen.

8

Ich heiße Ringo
Ich bin das Maskottchen
des Maschinenrings.

Was macht ein Maschinenring?

Gemeinsam sind wir stärker.
Freunde merken das immer wieder: Gemeinsam lassen sich Aufgaben leichter lösen, vieles geht besser und macht mehr Spaß. Darum haben auch Landwirte längst beschlossen: Wir halten fest zusammen!

Vor 50 Jahren haben Landwirte einen Verein gegründet, den sie „Maschinenring" nannten. Sie haben zusammen große, teure Landmaschinen gekauft, die jeder von ihnen nutzen konnte.
So haben sie viel Geld gespart. Und sie haben beschlossen: Wir helfen einander, nicht nur, wenn's um Maschinen geht.

Denn auf einem Bauernhof gibt es jede Menge Arbeit. Da braucht man immer wieder mal jemanden, der mit anpackt. Der Maschinenring organisiert die Hilfe. Und die Landwirte bezahlen dafür Geld. Mittlerweile gibt es viele Maschinenringe und die meisten Bauern sind Mitglied in einem Maschinenring ihrer Region.

So viele Maschinen

Für viele Arbeiten im Laufe eines Jahres brauchen Landwirte Traktoren und andere Landmaschinen. Die sind sehr teuer. Ein großer Traktor kostet so viel wie ein Haus. Für einen Bauern allein lohnt sich der Kauf nicht. Darum können Landwirte Maschinen nutzen, die sie gemeinsam über den Maschinenring angeschafft haben.

Wenn Bauern zum Beispiel Weizenkörner oder anderes Getreide säen, fahren sie mit Sämaschinen aufs Feld.

Im Sommer brauchen sie Mähdrescher, um die Getreidehalme abzumähen und die Körner aus den Ähren zu dreschen. Sie brauchen einen Traktor mit einem Hänger oder einen LKW, der die Körner aufnimmt und abtransportiert. Und das ist noch längst nicht alles.

Ganz verschiedene Maschinen
Wer Zuckerrüben anbaut, braucht andere Maschinen, zum Beispiel einen Zuckerrübenroder oder eine Rübenmaus, die Rüben aufnimmt und auf einen LKW lädt.

Gut geplant

Jedes Jahr während der Erntezeit herrscht Hochbetrieb auf den Bauernhöfen. Wer Erntemaschinen und Erntehelfer braucht, kann sich beim Maschinenring melden. Hier heißt es dann: gut planen und gut organisieren, damit die Landwirte rechtzeitig ernten können.

Jetzt sind alle Erntemaschinen im Einsatz. Tag für Tag und auch in der Nacht.

Nicht nur auf dem Feld

Traktoren werden nicht das ganze Jahr auf dem Feld gebraucht. Doch für längere Pausen sind sie zu teuer. Darum ist es gut, dass man sie noch anders einsetzen kann. Zum Beispiel bei der Pflege großer Rasenflächen oder steiler Böschungen. Und im Winter sind sie prima geeignet, um Schnee von Waldwegen, Flughäfen oder Parkplätzen zu räumen. Dafür wird ein Schneepflug vor den Traktor gespannt. Auch darum kümmert sich der Maschinenring. Denn so können Landwirte Geld dazuverdienen. Und das ist für viele sehr wichtig.

Nach der Ernte
Maschinenringe helfen den Landwirten auch, die Ernte zu verarbeiten und zu verkaufen.

4

Und noch viel mehr!

Doch Maschinenringe bieten noch einiges mehr: Sie beraten die Landwirte und unterstützen die Familien, wenn sie Hilfe benötigen. Denn was tun, wenn zum Beispiel Bauer und Bäuerin krank werden? Wer kümmert sich um die Tiere, die jeden Tag Futter brauchen? Wer geht auf die Felder? Wer macht den Haushalt? Wer sorgt für die Kinder? Gut, dass es Maschinenringe gibt: Die wissen, wer hier helfen kann!

Warum wächst Wein oft in Weinbergen?

Weinreben werden häufig auf Hängen angelegt, die nach Süden zeigen. Hier bekommen sie besonders viel Sonne ab. Dadurch wachsen die Trauben besser und werden süßer.

Wie wachsen Trauben und Rosinen?

**Trauben und Traubensaft,
Rosinen, Rotwein, Weißwein, Sekt: Wie entsteht all das?
Komm mit in die Weinreben und schau zu.**

Im Herbst werden die Weintrauben reif. Doch schon im Januar und Februar sind die Winzer in den Weinbergen unterwegs: mit dicken Handschuhen und scharfen Scheren. Sie schneiden die Weinstöcke zurück. Die meisten lassen nur zwei Äste an jedem Stock stehen. Wer viele Reben hat, braucht dafür mehrere Wochen. Alles muss von Hand gemacht werden. Maschinen können diese Arbeit nicht erledigen. Vom Rebschnitt hängt die Qualität der Trauben ab. Und die soll natürlich gut sein.

Triebe und Trauben

2

In den nächsten Monaten unternimmt der Winzer viel, damit die Reben gedeihen: Er lockert den Boden, so können die Pflanzen besser Nährstoffe aufnehmen. Triebe, das sind junge Äste, bindet er an Stämmen oder Drähten fest, sodass sie gut Licht und Luft bekommen und gleichmäßig wachsen.

Während die Trauben reifen, schneidet der Winzer immer wieder Triebe zurück. Auch Trauben, die nicht so gut wachsen, nimmt er ab.
All das trägt dazu bei, dass die Früchte, die er später ernten will, viel Kraft aus der Pflanze ziehen können und schön dick und saftig werden.

3

Mit Maschinen

4

Laubschneider
Maschinen, die Laub entfernen, werden von einem Traktor betrieben. Der ist so schmal, dass er zwischen den Rebstöcken durchfahren kann.

Darum entfernt der Winzer im Sommer auch Laub von den Rebstöcken. Dabei können Maschinen helfen. Nun gelangt mehr Sonne zu den Trauben.

5

Ab September prüft der Winzer:
Sind die Trauben schön reif und süß?
Dann beginnt die Ernte.
Manche Winzer fahren mit dem Vollernter durch die Reben. Der schüttelt die Trauben vom Stock, fängt sie auf und bläst Blätter, die sich mitgelöst haben, weg.
Das spart Zeit. Aber die Maschine kann natürlich nicht erkennen, ob wirklich jede Traube reif ist.

Sonne macht süß
Bei Sonne bildet sich in den Trauben mehr Zucker, sie werden süßer.

Die Traubenernte

Will der Winzer aus Trauben guten Wein machen, ist es wichtig, dass er sie von Hand ausliest: Darum spricht man von Handlese. Auch Trauben, die frisch auf dem Markt verkauft werden sollen, werden von Hand gepflückt.
Bei der Traubenlese sind viele Helfer dabei. Sie schneiden die Trauben ab und legen sie in Eimer. In steilen Weinbergen schütten sie die vollen Eimer dann in große Tragekörbe um, Männer tragen diese auf dem Rücken den Weinberg hoch oder runter zu einem Traktor, der die Trauben abtransportiert.

Was ist Weinlese?
Trauben lesen oder Wein lesen bedeutet so viel wie ernten.

Saft, Wein oder Rosinen

Und was geschieht mit den Trauben?
Einige werden als frische Früchte verkauft. Aus anderen wird Traubensaft gepresst – oder Wein und Sekt hergestellt:
Dazu lassen die Winzer den Saft aus den Trauben vergären. Dabei verwandelt sich der Zucker der Früchte in Alkohol.

Und wie entstehen Rosinen? Indem die Trauben in der Sonne trocknen. Rosinen kommen meist aus warmen Ländern wie der Türkei, Australien, Kalifornien und Südafrika. Sie schmecken zuckersüß.

Bock, Schaf oder Lamm?
Männliche Schafe heißen Böcke oder Widder. Sie sind Einzelgänger. Die Weibchen heißen Schafe, die Kinder Lämmer. Schafe und Lämmer sind Herdentiere. Allein würden sie sich gar nicht wohlfühlen.

Rasenmäher und weiche Wolle:
Wieso sind Schafe wichtig?

Wir Menschen verdanken den Schafen Milch, Joghurt, Käse, Fleisch und wundervolle Wolle. Dazu pflegen sie unsere Landschaft, wie es kein anderer kann. Schau, wie Schafe und Schäfer leben.

Bevor es Schafe gab, gab es wilde Mufflons. Vor 10 000 Jahren haben die Menschen begonnen, diese zu zähmen und zu Haustieren zu machen. Alle Hausschafe stammen von ihnen ab: mehr als 500 verschiedene Rassen.

Manche Schafe haben besonders gute Wolle, darum nennt man sie Wollschafe. Milchschafe geben besonders viel gute Milch und Fleischschafe Fleisch.
Und Landschafe? Die sind die allerbesten Rasenmäher.

Von morgens bis abends

2

Mäh, mäh, määäh. Immer wieder sind sie zu hören und zu sehen: Schafe, die in einer Herde umherziehen und grasen. Ein Schäfer oder eine Schäferin passt auf sie auf – zusammen mit Hütehunden. Mit gesenktem Kopf wandern die Schafe langsam über die Weide. Sie fressen, kauen und verdauen: Gräser, Blättchen, junge Triebe von Sträuchern. Und das fast den ganzen Tag.

Dabei arbeiten die Schafe als Landschaftspfleger. Das kann keiner so gut wie sie. Denn keine Böschung, kein Berg ist ihnen zu steil, kein Weg zu nass. Wären Schafe nicht wie Rasenmäher unterwegs, würden viele Weiden verwildern, zuerst würden Sträucher, später Wälder wachsen und alles zuwuchern.

Warum kauen Schafe dauernd?
Sie kauen, schlucken und nach einer Stunde stoßen sie das Gras auf, kauen es wieder, schlucken es endgültig runter und verdauen es. Darum nennt man Schafe Wiederkäuer – genau wie Kühe.

3

Der Schäfer

Ein Schäfer hütet und behütet seine Schafe. Er sorgt dafür, dass sie genug zu fressen und zu trinken haben, und pflegt verwundete und kranke Schafe.

Nach einer Weile zieht die Herde weiter. Wohin, bestimmt der Schäfer. Er kennt die Futterplätze. Weil es immer mehr Straßen und Häuser und immer weniger Natur gibt, werden die Wege weiter und gefährlicher. Da muss er achtgeben, dass kein Schaf verloren geht oder sich verletzt.

Gut, dass ihm Hunde helfen! Und woher wissen die, was sie tun sollen? Vom Schäfer. Denn es gehört zu seinen Aufgaben, Hütehunde auszubilden.

Am Abend, wenn die Schafe müde sind, führt der Schäfer sie in einen Pferch: eine Weide mit Zaun, wo die Tiere nicht fortlaufen können. Er kehrt jetzt nach Hause zurück.

Tiere, die krank sind oder zu schwach für die Nacht im Freien, bringt er in einen Stall, in dem sie gut geschützt sind. Gesunde Wanderschafe können immer im Freien sein. Am Tag und in der Nacht.

4

5

Im Sommer und im Winter

6

Wie viel Wolle wächst auf einem Schaf?
Bei guten Wollschafen fünf Kilo! Wollschafe haben feine, gekräuselte Wollhaare. Die sind viel feiner als ein Menschenhaar und innen hohl. So können sie prima Wärme speichern.

Vor dem Sommer müssen die Schafe zum Frisör. Die gesamte Herde wird geschoren. Da braucht der Schäfer Helfer: Schafscherer und Menschen, die sich um die Schafe kümmern, sie zur Schur bringen, wegführen und die Wolle sortieren.
Ruckzuck rasiert der Schafscherer die Wolle mit einer Schafschurmaschine ab.

Wenn die Wolle sortiert ist, kann der Schäfer sie verkaufen. Die Wollhaare werden nun verarbeitet: zu Strickwolle, Teppichen, Bettdecken, Polsterfüllung, Dämmmatten ...

7

8

9

Zeigt her eure Klauen

Mehrmals im Jahr muss Klauenpflege sein. Dann schneidet der Schäfer das tote Horn an den Schafsfüßen ab. Das ist ähnlich wie Nägel schneiden und tut nicht weh.

Die Schafe sehen nach der Schur nackt und dünn aus. Die Schur tut ihnen aber gut. Unter der dicken Wolle wäre es ihnen im Sommer viel zu warm! Außerdem verschwinden bei der Schur Läuse gleich mit.

Bis der Winter kommt, haben die Schafe wieder ein dickes Fell, das sie vor Kälte und Nässe schützt. Darum sind Wanderschafe auch im Winter unterwegs. Oft in einem anderen Gebiet, wo es mehr zu fressen gibt. Wenn das Futter trotzdem nicht reicht oder der Boden mit Eis bedeckt ist, sorgt der Schäfer für Nachschub.

10

Wandern alle Schäfer?

Viele Schäfer halten ihre Tiere auf eingezäunten Weiden. Sie hüten die Herde nicht den ganzen Tag, aber schauen immer wieder nach ihr und versetzen den Zaun, damit die Schafe genug zu fressen finden.

Die Lämmchen und die Milch

Wenn der Winter dann zu Ende geht, kommen die Lämmer auf die Welt. Oft sind es Zwillinge, manchmal Drillinge. Nach einer halben Stunde können sie schon stehen – und trinken.

Die Mutter hat am Euter zwei Zitzen zum Säugen. Hat sie mehr als zwei Lämmer geboren, müssen die um den Platz am Euter kämpfen. Werden nicht alle satt, richtet der Schäfer Milch in einer Flasche.

Bald fressen die Kleinen auch zartes Frühlingsgras. Nach drei Monaten brauchen sie zum Sattwerden keine Milch mehr.

11

12

13

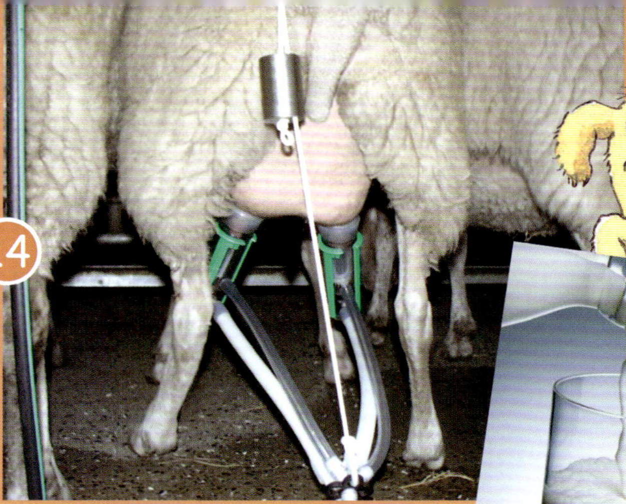

14

16

Wer Milchschafe hält, bekommt jetzt gute Schafsmilch, denn nur Schafe, die Lämmer geboren haben, geben Milch. Ein paar Monate lang können die Schafsmütter nun zweimal täglich gemolken werden. Dafür gibt es extra Melkmaschinen. Der Schäfer verkauft die Milch oder macht aus ihr Joghurt, Quark und Käse.

15

Und die Lämmer? Die wachsen schnell. Nach einem Jahr sind die Jungen bald so groß wie die Mutter. Weibliche Schafe können jetzt schon Lämmer bekommen. Und der Schäfer kann sich freuen, weil sie dann wieder gute Milch geben.

17

Öl aus Pflanzen
Raps ist die wichtigste Ölpflanze, die bei uns wächst. Auch aus Sonnenblumen und Soja wird Pflanzenöl gewonnen.

Was leuchtet so gelb auf dem Feld?

Die Felder blühen leuchtend gelb – so weit das Auge reicht. Ganze Landschaften erstrahlen. Toll sieht das aus! Und was blüht da? Das ist Raps. Und was macht man damit? Mehr, als die meisten wissen. Denn im Raps steckt wertvolles Öl.

Im Herbst sät der Landwirt Rapssamen auf die Felder. Bevor es richtig kalt wird, müssen aus den Samen kleine Pflänzchen wachsen. Nur dann kann der Raps den Winter und den Frost überstehen.

1

Der Raps blüht

2

Im Frühling geht's dann richtig los:
Jetzt wächst der Raps schnell.
Und im Mai beginnt er zu blühen. Viele leuchtend gelbe Blüten bilden sich.
Dicht wie Trauben sitzen sie zusammen.

Jede einzelne Blüte blüht nur einen Tag.
Dann beginnen die nächsten zu blühen.

Einen Monat später ist die Blütezeit vorbei.
Die Stängel sind über einen Meter hoch.
An den Halmen wachsen viele kleine, grüne Schoten. Sie haben sich aus dem Fruchtknoten gebildet

3

Rapshonig
Aus dem Nektar, den die Bienen in den Rapsblüten sammeln, entsteht cremiger Rapshonig.

Schoten und Samen

Kurz vor der Ernte sieht der Raps ganz braun aus. Wenn du die kleinen Schoten jetzt schüttelst, kannst du die Samenkörner darin klappern hören. Bis zu zwanzig Samen stecken in einer Schote.

Im Juli ist es so weit: Die Ernte beginnt. Der Landwirt fährt mit dem großen Mähdrescher aufs Feld.

4

5

Samen für neue Pflanzen
Wenn die Samenkörner nicht geerntet werden, sondern auf die Erde fallen, können daraus neue Rapspflanzen wachsen.

Die Ernte

6

Am Mähdrescher sind vorne Messer. Sie schneiden die Halme ab. Diese landen in Sieben, werden gerüttelt und geschüttelt und gedroschen. Dabei fallen die schwarzen Samen aus den Schoten raus. Etwa 2 000 Körner pro Pflanze!

Und was geschieht mit diesen Körnern? Sie kommen in eine Ölmühle, werden hier gereinigt, zerkleinert und in einer großen Presse gepresst. Dabei fließt wertvolles Öl aus den Körnern. Zum Teil wird daraus Margarine oder Speiseöl hergestellt, das sehr gesund ist und das man zum Braten, Kochen und für Salatsoßen verwenden kann.

7

8

Öl und Kuchen

Auch Bio-Diesel macht man aus Rapsöl. Außerdem Öl für die Herstellung von Farben und Lacken, Wasch-, Spül- und Putzmitteln, Shampoos, Dusch- und Badegels, Medikamenten, Kerzen und Kunststoffen. Oder Motoröl für Schiffe und Weichenschmieröl für die Bahn.

Zauberformel NaWaRo
Anders als Erdöl wächst Raps wieder nach und liefert immer wieder neues Öl. Darum gehört Raps zu den NaWaRo. So nennen Landwirte nachwachsende Rohstoffe.

Und selbst das, was beim Pressen zurückbleibt, lässt sich noch verwenden: Der sogenannte Rapskuchen ist gesundes Futter für Tiere auf dem Bauernhof – für Rinder, Geflügel und Schweine.

In der Reihe „Schauen und Staunen“ sind bereits folgende Titel erschienen:

So wird die Rübe zu Zucker
Wie Lebensmittel entstehen
Band 1

ISBN 978-3-86613-504-8

So baut der Biber die Burg
Tiere und ihre Häuser
Band 2

ISBN 978-3-86613-501-7

So kommt die Welt auf den Globus
Wie alltägliche Dinge entstehen
Band 3
ISBN 978-3-86613-502-4

So forscht der Astronaut
Berufe: Wer macht was?
Band 4

ISBN 978-3-86613-503-1

So werden Küken, Kitz und Äffchen groß
Wie Tierkinder erwachsen werden
Band 5
ISBN 978-3-86613-513-0

So kommt das Wasser in die Leitung
Wie der Alltag funktioniert
Band 6
ISBN 978-3-86613-514-7

So kommt die Kastanie auf den Baum
Pflanzen und Tiere im Jahreslauf – Band 7
ISBN 9788-3-86613-519-2

So kommt die Tomate in die Flasche
Wie Lebensmittel entstehen
Band 8
ISBN 9788-3-86613-520-8

So wächst Klopapier
Wie Dinge aus Papier entstehen
Band 9
ISBN 3-86613-538-3